Test 1

Inhalt: Erschließen eines Sachtextes

Zeitbedarf: 30 Minuten

Lies den folgenden Text gründlich durch und bearbeite anschließend die Aufgaben.

Ein Bewohner des Waldes: Das Wildschwein

____

Das europäische Wildschwein lebt hauptsächlich in Laub- und Mischwäldern, in denen es viele Versteckmöglichkeiten gibt. Im Sommer, wenn das Getreide hoch genug steht und genügend Deckung bietet, lebt das Wildschwein auch in der offenen Feldflur. Wildschweine benötigen Wasserstellen, um zu trinken und sich im Schlamm zu wälzen. Sie leben in Familienverbänden, den sogenannten Rotten. Angeführt wird die Rotte von einer Chefin, der Leitbache. Sie ist die älteste und erfahrenste Bache der Rotte. Sie führt die Rotte zu den Futterplätzen und beschützt sie vor Gefahren. Das männliche Wildschwein, der Keiler, hat mit der Rotte nur wenig zu tun, er wird sogar von der Leitbache vertrieben, wenn er zu nahe kommt.

____

Die Paarungszeit der Wildschweine ist zwischen Oktober und Januar und wird Rauschzeit genannt. Nach der Paarung ist die Bache etwa vier Monate trächtig und bringt dann durchschnittlich vier bis fünf Junge zur Welt. Junge Wildschweine bis zu einem Jahr heißen Frischlinge. Zwischen einem und zwei Jahren bezeichnet man die Jungtiere als Überläufer.

____

Wildschweine sind Allesfresser. Das heißt, sie fressen tierische und pflanzliche Nahrung. Sie fressen alles, was auf dem Boden und im Boden zu finden ist: Gras, Klee, Eicheln, Bucheckern, Getreide, Mais, Wurzeln, Knollen, Insekten, Würmer und Schnecken. Aber auch Ratten, Kaninchen und Mäuse stehen auf dem Speiseplan. Manchmal fressen Wildschweine auch tote Tiere.

____

Unser Hausschwein stammt vom Wildschwein ab. Vor mehr als 9 000 Jahren begannen die Steinzeitmenschen, Wildschweine in ihren Siedlungen zu halten. Diese Tiere pflanzten sich in der Gefangenschaft fort. Durch Züchtung entstand daraus unser heutiges Hausschwein. Hausschwein und Wildschwein unterscheiden sich im Aussehen deutlich voneinander. Das Hausschwein hat viel kürzere Beine als das Wildschwein. Zudem besitzt es kein richtiges Fell mehr, sondern eine dicke Fettschicht. Hausschweine bringen jährlich durchschnittlich 25 Ferkel in zwei Würfen zur Welt.

1 Der Text ist in mehrere Abschnitte gegliedert. Trage für jeden Abschnitt die jeweils passende Überschrift auf der freien Linie über den Textabschnitten ein. ___ von 4

Tipp *Zwei Überschriften bleiben übrig.*

- Die Fortpflanzung von Wildschweinen
- Durch Wildschweine verursachte Schäden
- Die natürlichen Feinde von Wildschweinen
- Die Nahrung von Wildschweinen
- Vom Wildschwein zum Hausschwein
- Die Lebensweise von Wildschweinen

2 Erkläre die folgenden Begriffe in ganzen Sätzen. ___ von 6

Rotte:

Frischling:

Leitbache:

Keiler:

----

3 Hast du genau gelesen? Kreuze an, ob die folgenden Aussagen richtig oder falsch sind. ___ von 3

Tipp *Suche die Stelle im Text und lies noch einmal gründlich nach, bevor du dein Kreuz setzt.*

Aussage	richtig	falsch
a Wildschweine leben in Rotten zusammen.	☐	☐
b Wildschweine wälzen sich beim Trinken im Schlamm.	☐	☐
c Zwischen Oktober und Januar kommen die meisten Wildschweinjungen zur Welt.	☐	☐
d Die älteste und erfahrenste Bache wird Leitbache genannt.	☐	☐
e Wildschweine fressen nur tierische Nahrung.	☐	☐
f Unser Hausschwein stammt vom Wildschwein ab.	☐	☐

4 Ändere die drei falschen Aussagen aus Aufgabe 3 so ab, dass sie richtig sind. Schreibe in vollständigen Sätzen. ___ von 3

Aussage 1: ______________________________

____

Aussage 2: ______________________________

____

Aussage 3: ______________________________

____

5 Beantworte folgende Fragen in ganzen Sätzen. ___ von 4

a Wo leben europäische Wildschweine normalerweise?

____

____

b Welche Aufgaben hat die Leitbache?

____

____

____

____

c Wie viele Junge bringt eine Bache im Jahr durchschnittlich zur Welt?

____

d Wie nennt man ein Wildschwein im Alter von eineinhalb Jahren?

____

6 Worin unterscheiden sich Wildschein und Hausschwein. Nenne drei Merkmale und erkläre. ___ von 3

Merkmal 1: ______________________________

____

____

Merkmal 2: ______________________________

____

____

Merkmal 3: ______________________________

____

____

Test 2

Inhalt: Erschließen eines Gedichts
Zeitbedarf: 30 Minuten

Lies das folgende Gedicht mehrmals und beantworte anschließend die Fragen.

Eduard Mörike: Er ist's

Frühling lässt sein blaues Band
Wieder flattern durch die Lüfte;
Süße, wohlbekannte Düfte
Streifen ahnungsvoll das Land.
Veilchen träumen schon,
wollen balde kommen.
– Horch, von fern ein leiser Harfenton!
Frühling, ja du bist's!
Dich hab ich vernommen!

Quelle: Eduard Mörike: Gesammelte Schriften. Erster Band. Gedichte. Stuttgart 1878. S. 32

Der Dichter Eduard Friedrich Mörike wurde 1804 in Ludwigsburg geboren und starb 1875 in Stuttgart. Er studierte an der Universität Tübingen und erhielt 1834 seine erste Pfarrstelle, die zugleich auch seine letzte war; denn 1843 ließ er sich aus gesundheitlichen Gründen bereits im Alter von 39 Jahren pensionieren. Seitdem konnte er sich verstärkt dem Schreiben widmen. Viele Gedichte Mörikes wurden vertont und machten ihn weit über die Grenzen Deutschlands hinaus bekannt. Neben seinen Gedichten zählen zu seinen bekanntesten Werken z. B. der Roman „Maler Nolten“ und die Novelle (= kurze Erzählung) „Mozart auf der Reise nach Prag“.

1 Wovon handelt das Gedicht? Entscheide dich für eine Aussage. ___ von 1

Das Gedicht handelt …

- ☐ von einer Harfe.
- ☐ von einem blauen Band.
- ☐ vom Frühling.
- ☐ von Veilchen.

2 Das lyrische Ich (= der Sprecher des Gedichts) erlebt den Frühling mit unterschiedlichen Sinnen. Was sieht, riecht, fühlt und hört das lyrische Ich? Verbinde korrekt. ___ von 2

sehen	die Lüfte
riechen	ein leiser Harfenton
fühlen	süße, wohlbekannte Düfte
hören	blaues Band

3 Beantworte die folgenden Fragen in ganzen Sätzen. ___ von 3

a Was könnte mit dem Ausdruck „blaues Band" gemeint sein?

____

____

b Welche Düfte sind typisch für den Frühling?

____

____

c Was könnte mit „ein leiser Harfenton" gemeint sein?

____

____

4 Untersuche das Gedicht. Beantworte die folgenden Fragen. ___ von 7

a Aus wie vielen Strophen besteht das Gedicht?

Tipp *Einen Abschnitt in einem Gedicht nennt man Strophe.*

Das Gedicht besteht aus ____

b Aus wie vielen Versen besteht das Gedicht?

Tipp *Bei einem Gedicht werden die einzelnen Zeilen Verse genannt.*

Das Gedicht besteht aus ____

c Welche Verse reimen sich. Schreibe alle Reimwortpaare aus dem Gedicht auf.

______________ – ______________

______________ – ______________

______________ – ______________

______________ – ______________

d Welcher Vers hat keinen Reimpartner? Nenne die Nummer des Verses: ______________

e Warum hat dieser Vers keinen Reimpartner? Kreuze an, welcher Aussage du zustimmst.

- ☐ Das Gedicht klingt so besser.
- ☐ Es gibt kein passendes Reimwort.
- ☐ Der Vers wird auf diese Weise besonders hervorgehoben.
- ☐ Eine Strophe sollte nicht mehr als neun Verse haben.

f Sieh dir die ersten vier Verse noch einmal an. Wie nennt man das Reimschema dieser Verse?

____

5 **a** Trage die Wörter aus dem Gedicht in die richtige Spalte ein. Trage alle Wörter in ihrer Grundform ein (z. B. nicht „Häuser“, sondern „Haus“; nicht „großes“, sondern „groß“; nicht „geht“, sondern „gehen“). Wörter, die zu keiner der drei Wortarten gehören, lässt du beiseite. ___ von 7

Tipp *In Gedichten wird häufig das erste Wort jedes Verses großgeschrieben, auch wenn es sich z. B. um ein Adjektiv handelt, das normalerweise kleingeschrieben wird.*

Nomen	Adjektiv	Verb

b Sieh dir die Tabelle noch einmal an. Wie wirkt das Gedicht aufgrund der verwendeten Wörter? Kreuze die passende Aussage an.

Das Gedicht vermittelt eine …

- ☐ hektische und laute Stimmung.
- ☐ frohe und erwartungsvolle Stimmung.
- ☐ traurige und müde Stimmung.
- ☐ aufgeregte und feurige Stimmung.

Test 3

■ Inhalt: Erschließen einer Fabel

■ Zeitbedarf: 30 Minuten

Lies die folgende Fabel gründlich durch und bearbeite anschließend die Aufgaben.

Äsop: Der Löwe und die Maus

Als der Löwe schlief, lief ihm eine Maus über den Körper und weckte ihn dadurch auf. Er packte sie und war drauf und dran sie aufzufressen. Da bat sie ihn, er solle sie doch freilassen: „Wenn du mir das Leben schenkst, werde ich mich dankbar erweisen." Lachend ließ der Löwe sie laufen. Es geschah aber, dass bald darauf die dankbare Maus dem Löwen das Leben rettete. Denn als er von Jägern gefangen und mit einem Seil festgebunden worden war, hörte ihn die Maus stöhnen. Sie lief zu ihm und befreite ihn, indem sie das Seil rundherum benagte. „Damals", sagte sie, „hast du gelacht über mich und nicht erwartet, dass ich es dir vergelten könne, jetzt weißt du, dass auch Mäuse einem Löwen das Leben retten können!"

■ **Der Dichter Äsop** lebte Mitte des 6. Jahrhunderts vor Christus als Sklave auf der griechischen Insel Samos. Er gilt als der Erfinder der Tierfabel. Nach Äsops Tod erzählten sich die Menschen seine Geschichten weiter und später wurden diese von anderen Dichtern aufgeschrieben und immer wieder neu erzählt. ■

1 Worum geht es in der Fabel? Gib den Inhalt in wenigen Sätzen wieder. ___ von 3

___

___

___

___

___

___

___

___

2 Hast du genau gelesen? Kreuze an, ob die folgenden Aussagen richtig oder falsch sind. ___ von 3

Aussage	richtig	falsch
a Der Löwe weckt die Maus auf.	☐	☐
b Zuerst will der Löwe die Maus fressen.	☐	☐
c Der Löwe lässt die Maus frei, weil er sie gern hat.	☐	☐
d Die Maus verspricht dem Löwen, sich dankbar zu erweisen.	☐	☐
e Der Löwe wird von Jägern gefangen.	☐	☐
f Die Maus rettet den Löwen, indem sie ihn losbindet.	☐	☐

3 Ändere die drei falschen Aussagen aus Aufgabe 2 so ab, dass sie richtig sind. Schreibe in vollständigen Sätzen. ___ von 3

Aussage 1: ______________________________

____

Aussage 2: ______________________________

____

Aussage 3: ______________________________

____

4 Ordne dem Löwen und der Maus jeweils drei passende Eigenschaften zu. ___ von 6

Erste Begegnung von Löwe und Maus:

Der Löwe ist …	Die Maus ist …

Zweite Begegnung von Löwe und Maus:

Der Löwe ist …	Die Maus ist …

5 Welche Lehre lässt sich aus der Fabel ziehen? Schreibe einen vollständigen Satz. ___ von 2

____

____

6 Fülle den Lückentext mithilfe der Wörter aus dem Kasten. ___ von 3

Lehre • Schwächen • Sprichwort • sprechen • Erzählung • handeln • Charaktereigenschaften • Tiere • Kritik • selbst

Merkmale einer Fabel

- Die Fabel ist eine kurze, märchenhafte ____________, die eine ____________ (Moral) enthält.
- Die Figuren sind oft ____________, die wie Menschen ____________ und ____________.
- Die einzelnen Tiere haben in allen Fabeln für sie typische ____________ (z. B. Fuchs = schlau, redegewandt *oder* Esel = dumm, stur).
- In ihren Fabeln wollen die Fabeldichter menschliche ____________ aufzeigen und kritisieren.
- Die Fabelmoral wird manchmal durch ein ____________ am Ende der Fabel verdeutlicht. Oft wird es jedoch dem Leser überlassen, die jeweilige Lehre ____________ zu erkennen.
- Weil es den Untergebenen damals nicht erlaubt war, ihre Meinung offen zu sagen, äußerten sie ihre ____________ versteckt, in Form von Fabeln.

7 Nenne zwei Merkmale einer Fabel, die auch in der Fabel vom Löwen und der Maus vorkommen. Gib jeweils einen kurzen Beleg aus dem Text an. ___ von 2

Merkmal 1: ____

____

Merkmal 2: ____

____

8 Schreibe eine eigene kurze Fabel, aus der sich die gleiche Lehre ziehen lässt wie aus der Fabel vom Löwen und der Maus. Verwende ein eigenes Blatt. ___ von 5

Test 4

- Inhalt: Formen des Verbs
- Zeitbedarf: 30 Minuten

1 Vervollständige die Tabelle. ___ von 5

Zeitform	**Fachbegriff**	**Beispiel (mit *ich* + *schreiben*)**
Gegenwart		
	Perfekt	
Vergangenheit		
	Plusquamperfekt	
		ich werde schreiben

2 Tobias schreibt seiner Oma eine Postkarte aus dem Zoo. Setze die in Klammern stehenden Verben in der richtigen Form und in der vorgegebenen Zeitform in die Lücken ein. ___ von 6

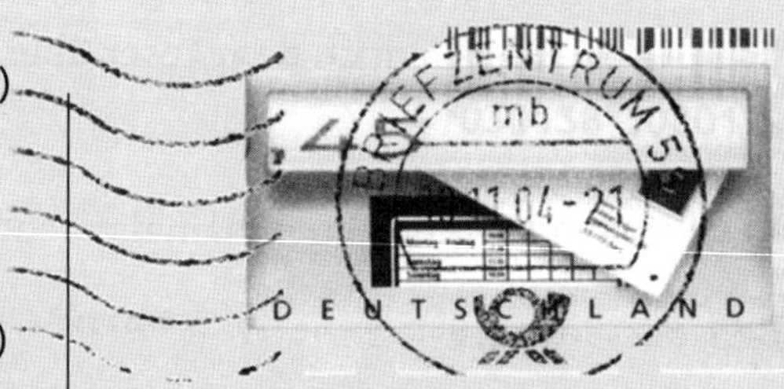

Liebe Oma,
heute Morgen ________________ (überraschen, Präteritum) *mich Mama und Papa mit einem Ausflug in den Zoo. Gleich nach dem Frühstück* ________________ (fahren, Präteritum) *wir los. Zuvor* ________________ *wir uns aber noch Butterbrote* ________________ (schmieren, Plusquamperfekt) *und etwas zu trinken* ________________ (einpacken, Plusquamperfekt). *Im Zoo angekommen,* ________________ *wir als Erstes die Elefanten* ________________ (anschauen, Perfekt). *Danach* ________________ *wir zum Raubtiergehege* ________________ (gehen, Perfekt) *und* ________________ *die Tiger beim Fressen* ________________ (beobachtet, Perfekt). *Jetzt* ________________ (sitzen, Präsens) *ich gerade im Zoocafé und* ________________ (schreibe, Präsens) *dir diese Karte, während Mama und Papa noch schnell Futter für die Tiere im Streichelzoo* ________________ (kaufen, Präsens) – *denn dort* ________________ *wir gleich noch* ________________ (hingehen, Futur I). *Ich* ________________ (senden, Präsens) *dir viele liebe Grüße!*
Dein Tobias

3 Ergänze die folgende Tabelle. ___ von 6

Infinitiv	Präsens	Perfekt	Präteritum	Plusquamperfekt	Futur I
kommen	ich	du	er/sie/es	wir	ihr
	er/sie/es geht	ihr	du	ihr	wir
	wir	sie	ich	du	er/sie/es wird rufen
	du	ihr	wir	ich hatte gegessen	sie

4 Unterstreiche alle Verbformen im Text. Trage sie anschließend mit dem passenden Personalpronomen (*ich, du, er/sie/es, wir, ihr* oder *sie*) richtig in die Tabelle ein. Ein Beispiel ist vorgegeben. ___ von 13

Tipp *Denke daran, dass Verbformen aus mehreren Wörtern bestehen können.*

Ein besonderes Geburtstagsgeschenk

„Zum Geburtstag viel Glück ...", sangen meine Eltern bereits frühmorgens an meinen Bett. Damit hatte ich nicht gerechnet. An Feiertagen schlafe ich normalerweise gerne aus! Nachdem meine Eltern ihr Ständchen beendet hatten, sprang ich aus dem Bett und wir aßen gemeinsam meinen Geburtstagskuchen zum Frühstück. Vorher habe ich aber noch die zwölf Kerzen ausgeblasen. Nach dem Frühstück erklärte mein Vater: „Wir machen heute einen Ausflug in den Zoo!" Ich freute mich riesig. Da hatten sich meine Eltern etwas Tolles ausgedacht. „Wir werden bestimmt viel Spaß im Zoo haben!", jubelte ich laut.

Zeitform	Personalpronomen + Verbformen aus dem Text
Präsens	
Perfekt	
Präteritum	sie sangen
Plusquamperfekt	
Futur I	

Test 5

■ Inhalt: Präpositionen und Konjunktionen

■ Zeitbedarf: 30 Minuten

1 Markiere im folgenden Text alle Präpositionen. ___ von 3

Wintersporttag
Wie jedes Jahr findet auch in diesem Winter unser Wintersporttag statt. Wir treffen uns um 8.30 Uhr an der Schule und fahren zu einer Schlittschuhhalle nach Stuttgart. Ich werde dort mit meinen Freunden viel Spaß haben!

2 Trage die markierten Präpositionalausdrücke (Präpositionen und dazugehörige Wörter) aus dem Text in die richtige Spalte der Tabelle ein. ___ von 4

Vor der Schlittschuhhalle warteten schon viele Schüler. Es war **kurz vor 9.00 Uhr**. Auch **an der Ausleihe** bildete sich bereits eine Warteschlange. Ich konnte gleich **in den Umkleideraum** gehen, denn ich hatte eigene Schlittschuhe dabei. Einige Klassenkameraden mussten **über eine halbe Stunde** warten. **Um 10.00 Uhr** standen wir endlich alle gemeinsam **auf dem Eis**. Es war ziemlich kalt, aber **während des Eislaufens** spürte ich davon nichts.

zeitliches Verhältnis	räumliches Verhältnis

3 Setze in den folgenden Text die Präpositionen aus dem Kasten ein. ___ von 4

ohne • auf • nach • in • über • mit • von • in

__________ meinem Rucksack fand ich meine dicken Socken und meine Mütze __________ dem Bommel obendrauf. Die dicken Socken zog ich __________ meine normalen Socken, um keine kalten Füße zu bekommen. Die Mütze setzte ich mir __________ den Kopf. Schlittschuhlaufen wäre __________ eine heiße Schokolade aber nur halb so schön. Deshalb kaufte ich mir __________ meinem Taschengeld eine große Tasse. Und so duftete es __________ der ganzen Schlittschuhhalle __________ heißer Schokolade.

4 Fülle den Lückentext mithilfe der Wörter aus dem Kasten. ___ von 2

ganze Sätze • verbinden • Bindewörter • Wortgruppen • einzelne Wörter

Konjunktionen sind Wörter, die ______________________ , ______________________

oder ______________________ miteinander ______________________.

Deshalb nennt man Konjunktionen auch ______________________.

5 Welcher Zusammenhang besteht zwischen den Sätzen? Trage die passende Konjunktion in die mittlere Spalte ein. ___ von 3

Tipp *In einem Fall sind zwei Konjunktionen möglich.*

und (bei Aufzählungen) • denn (bei Begründungen) • aber (bei Gegensätzen)

Satz 1	Konjunktion	Satz 2
In der Schlittschuhhalle ist es ziemlich kalt.		Meine Mütze wärmt mich.
Ich freue mich sehr auf den Wintersporttag.		Ich laufe sehr gerne Schlittschuh.
Ich habe normale Socken an.		Über diese Socken ziehe ich die dicken Socken an.
Hoffentlich passen meine Schlittschuhe noch.		Ich trage sie schon seit zwei Jahren.
Zwischendurch bekomme ich Hunger.		Ich esse mein Pausenbrot.
Mein Lehrer schaut mir beim Schlittschuhlaufen nur zu.		Er läuft selbst nicht Schlittschuh.

6 Im folgenden Text fehlen die Konjunktionen *und, denn* und *aber*. Fülle die Lücken sinnvoll aus und ergänze die fehlenden Kommas vor den Konjunktionen *denn* und *aber*. ___ von 4

Wandern statt Schlittschuhlaufen

Mein Freund ist am Wintersporttag zum Wandern gegangen ______________ er läuft nicht gerne Schlittschuh. Am Nachmittag erzählte er mir, dass die Wandergruppe an einem schönen Rastplatz angehalten ______________ dort eine längere Pause gemacht hat. Es wurde ein großes Lagerfeuer entzündet ______________ es war trotzdem sehr kalt. Eigentlich wollte Simon sich eine Wurst grillen ______________ die hatte er zu Hause vergessen. Nach einer ausgiebigen Schneeballschlacht ______________ einer Runde Schneeballweitwurf ging es zurück nach Hause. Ich werde mich im nächsten Jahr trotzdem wieder zum Schlittschuhlaufen anmelden ______________ das macht mir mehr Spaß als wandern.

Test 6

- Inhalt: Rechtschreibung: s-Laut
- Zeitbedarf: 30 Minuten

1 Fülle den Lückentext mithilfe der Wörter aus dem Kasten. ___ von 3

kurzem • weiche • langem

Regeln zur Schreibung des s-Lauts

1. Der ______________ s-Laut wird immer mit einfachem **s** geschrieben.
2. Den **scharfen s-Laut** schreibt man …
   a) nach ______________ Vokal (dazu zählen auch die Doppellaute, z. B. *ei, eu, au*) in der Regel mit **ß**.
   b) nach ______________ Vokal in der Regel mit **ss**.

2 Setze bei den folgenden Wörtern **s** oder **ss** ein. ___ von 4

Tipp *Achte jeweils darauf, ob es sich um einen weichen oder um einen scharfen s-Laut handelt.*

die Blu___e	fre___en	der Schlü___el	die Ho___e
___üß	rie___eln	der Ke___el	wi___en

3 Setze bei den folgenden Wörtern **ss** oder **ß** ein. Bilde dann den Plural. ___ von 3

Tipp *Achte jeweils darauf, ob der Vokal davor lang oder kurz gesprochen wird.*

a der Fu___ → die ______________

b der Flu___ → die ______________

c das Fa___ → die ______________

d der Klo___ → die ______________

e der Schu___ → die ______________

f das Ma___ → die ______________

4 Trage **s**, **ss** oder **ß** in die Lücken ein und begründe deine Entscheidung, indem du die jeweilige Regel aus Aufgabe 1 nennst. ___ von 6

Beispiel: einrei_ß_en: Regel 2a → Ein scharfer s-Laut wird nach langem Vokal mit ß geschrieben.

a der Ha___e: ____________________

b au___en: ____________________

c kü___en: ____________________

d die Stra___e: ____________________

5 Ergänze die fehlenden Verbformen in der Tabelle. ___ von 5

Infinitiv	Präsens	Präteritum
essen	er	ich
verlassen	ich	wir
müssen	du	ihr
	ich gieße	er
	ihr	sie bissen

6 Im folgenden Suchrätsel sind genau 18 Wörter mit **ss** und **ß** versteckt (waagerecht und senkrecht). Markiere sie und trage sie rechts in den richtigen Kasten ein. ___ von 9

K	L	O	ß	F	L	E	I	ß	R	G	M
Z	J	G	V	L	G	Y	Q	O	C	I	Ü
A	Z	Q	E	U	R	E	J	W	B	E	R
R	M	U	R	S	E	N	U	S	S	S	Ü
R	G	K	G	S	ß	T	Z	Q	B	T	S
E	L	K	E	A	R	A	S	S	O	R	S
I	I	B	S	H	A	S	T	O	ß	A	E
ß	E	L	S	E	T	S	F	V	B	ß	L
E	ß	D	L	I	E	E	N	V	J	E	I
N	E	Y	I	ß	R	S	P	I	E	ß	R
I	N	S	C	H	L	Ü	S	S	E	L	U
T	S	C	H	U	S	S	F	A	S	S	ß

Vokal: kurz → Schreibweise: ss

Vokal: lang → Schreibweise: ß

7 Am Wortende klingt der s-Laut immer scharf. Verwende die Verlängerungsprobe, um herauszufinden, wie das Wort richtig geschrieben wird. Ein Beispiel ist vorgegeben. ___ von 8

Tipp *Sprich die Wörter laut aus. So hörst du genau, ob der s-Laut im verlängerten Wort weich wird oder ob er scharf bleibt.*

Begriff	Verlängerungsprobe	s-Laut bleibt scharf nach kurzem Vokal ss	s-Laut bleibt scharf nach langem Vokal ß	s-Laut wird weich immer s
das Schlo ss	die Schlösser	☒	☐	☐
das Gla___		☐	☐	☐
na___		☐	☐	☐
der Ansto___		☐	☐	☐
die Lau___		☐	☐	☐
hei___		☐	☐	☐
das Ga___		☐	☐	☐
der Stre___		☐	☐	☐
der Spa___		☐	☐	☐

8 Was ist richtig: das oder dass? Fülle die Lücken korrekt aus. ___ von 5

Tipp *Mithilfe der Ersatzprobe kannst du herausfinden, ob „das" oder „dass" richtig ist: Wenn du es durch „dies/dieses", „jenes" oder „welches" ersetzen kannst, dann schreibst du „das". Wenn es sich nicht ersetzen lässt, dann schreibst du „dass".*

a Da___ Buch, da___ ich gelesen habe, war spannend. Ich glaube, da___ es dir auch gefallen wird. Ich bringe es dir morgen mit und hoffe, da___ du es schnell liest.

b Ich habe gesehen, da___ du ein neues T-Shirt trägst. Da___ T-Shirt, da___ du gestern getragen hast, hat mir aber besser gefallen.

c Mein Deutschheft, da___ da hinten auf dem Tisch liegt, ist voll. Ich habe erst jetzt bemerkt, da___ ich ein neues Heft besorgen muss.

d Du bist ja pünktlich. Da___ hätte ich nicht erwartet!

Test 7

■ Inhalt: Rechtschreibung: Verschiedene Themen
■ Zeitbedarf: 30 Minuten

1 Ordne die Wörter aus dem Kasten richtig in die Tabelle ein. ___ von 8

Gier • fahren • rennen • quietschen • leer • Beere • Fohlen • Waage • voll
Lehne • vier • Schiffe • Boot • Mühle • Miete • Hammer

mit ie	mit doppeltem Vokal	mit Dehnungs-h	mit doppeltem Konsonanten

2 Suche zu den angegebenen Wörtern jeweils ein verwandtes Wort mit doppeltem Vokal. ___ von 4

a Pärchen: ____________________

b säen: ____________________

c Turnsäle: ____________________

d Härchen: ____________________

3 Streiche die falsch geschriebenen Wörter durch. ___ von 4

Gißkanne dinen PAPIER flimmern
Biest Mittag Friden Biegung
BIERNE Lippe finden

4 Welche Schreibweise ist richtig? Kreuze an. ___ von 4

a
☐ nähmlich
☐ nehmlich
☐ nämlich
☐ nemlich

b
☐ ausserdem
☐ außerdem
☐ auserdem
☐ außerdemm

c
☐ fließen
☐ fliessen
☐ flißen
☐ fliesen

d
☐ Fluutwelle
☐ Fluttwelle
☐ Fluhtwelle
☐ Flutwelle

5 Entscheide dich für die richtige Schreibweise. Wende die angegebene Rechtschreibstrategie an. Ein Beispiel ist vorgegeben. ___ von 7

Tipp *Achte darauf, ob bei einem der verwandten Wörter der ä-Laut zum a wird. Daran erkennst du, dass das gesuchte Wort mit ä geschrieben wird. Findest du kein verwandtes Wort mit a, dann schreibt sich das gesuchte Wort in der Regel mit e.*

mit e oder ä?	Rechtschreibstrategie: „Ich suche ein verwandtes Wort.“
die Z_ä_hne	die Zähne wegen Zahn
w___hlen	
das H___rz	
kr___ftig	
die B___che	
der B___rg	
w___rmen	
fr___md	

6 Entscheide dich für die richtige Schreibweise. Wende die angegebene Rechtschreibstrategie an. Ein Beispiel ist vorgegeben. ___ von 8

Tipp *Sprich die verlängerten Wörter laut aus, dann hörst du genau, ob es sich um einen weichen Laut (b, d, g) oder um einen harten Laut (p, t, k) handelt.*

a

mit b oder p?	Rechtschreibstrategie: „Ich verlängere das Wort.“
er gru_b_	graben → also: er grub
das Kal___	
der Lum___	

b

mit d oder t?	Rechtschreibstrategie: „Ich verlängere das Wort.“
das Bro___	
das Weizenfel___	
blin___	

c

mit g oder k?	Rechtschreibstrategie: „Ich verlängere das Wort.“
fleißi___	
das Flugzeu___	
kran___	

Test 8

- Inhalt: Zeichensetzung: Wörtliche Rede, Kommasetzung
- Zeitbedarf: 30 Minuten

1 Im folgenden Gespräch fehlen die Satzzeichen der wörtlichen Rede. Ergänze sie. ___ von 7

Ben , Silke und Marie gehen gemeinsam von der Schule nach Hause . Ich möchte heute Abend ins Kino gehen . Kommt ihr mit ? , fragt Silke . Ja , gerne , erwidert Ben . Marie muss leider absagen : Ich habe heute Abend keine Zeit , meine Tante kommt zu Besuch .
Treffen wir uns um 17.30 Uhr vor dem Kino , schlägt Silke Ben vor , dann sind wir auf jeden Fall rechtzeitig dort .
Ben nickt und verabschiedet sich mit den Worten : Einverstanden , bis später . Marie ruft ihm noch hinterher : Viel Spaß heute Abend !

2 Ergänze alle fehlenden Satz- und Redezeichen. Unterstreiche anschließend den Begleitsatz. ___ von 8

a Silke wendet sich an die Kassiererin und sagt Ich hätte gerne zwei Karten

b Wann genau beginnt der Vampirfilm fragt sie anschließend

c Der Film fängt um 18.00 Uhr an erwidert die Kassiererin

d Ich freue mich schon auf den Vampirfilm sagt Ben strahlend da kann man sich so schön gruseln

3 Gib für die Sätze in Aufgabe 2 an, um welche Art von Begleitsatz es sich jeweils handelt. ___ von 2

Nachgestellter Begleitsatz: ______________________

Vorangestellter Begleitsatz: ______________________

Eingeschobener Begleitsatz: ______________________

4 Finde für die folgenden Satzbaupläne jeweils einen passenden Satz und schreibe ihn auf die Linien. ___ von 4

Beispiel: Ben fragt: „Gehen wir in den neuen Vampirfilm?"
Begleitsatz — wörtliche Rede

a ______________________: „..."

b „...?", ______________________.

c „......................................“, ____________________, „......................................“

d ____________________: „......................................!“

5 In der folgenden E-Mail fehlen die Kommas zwischen den Haupt- und Nebensätzen. Setze sie an der richtigen Stelle ein. ___ von 7

Tipp *Nebensätze werden in der Regel durch eine Konjunktion (Bindewort) oder ein Relativpronomen (der, die, das …) eingeleitet. Das gebeugte Verb steht im Nebensatz am Satzende.*

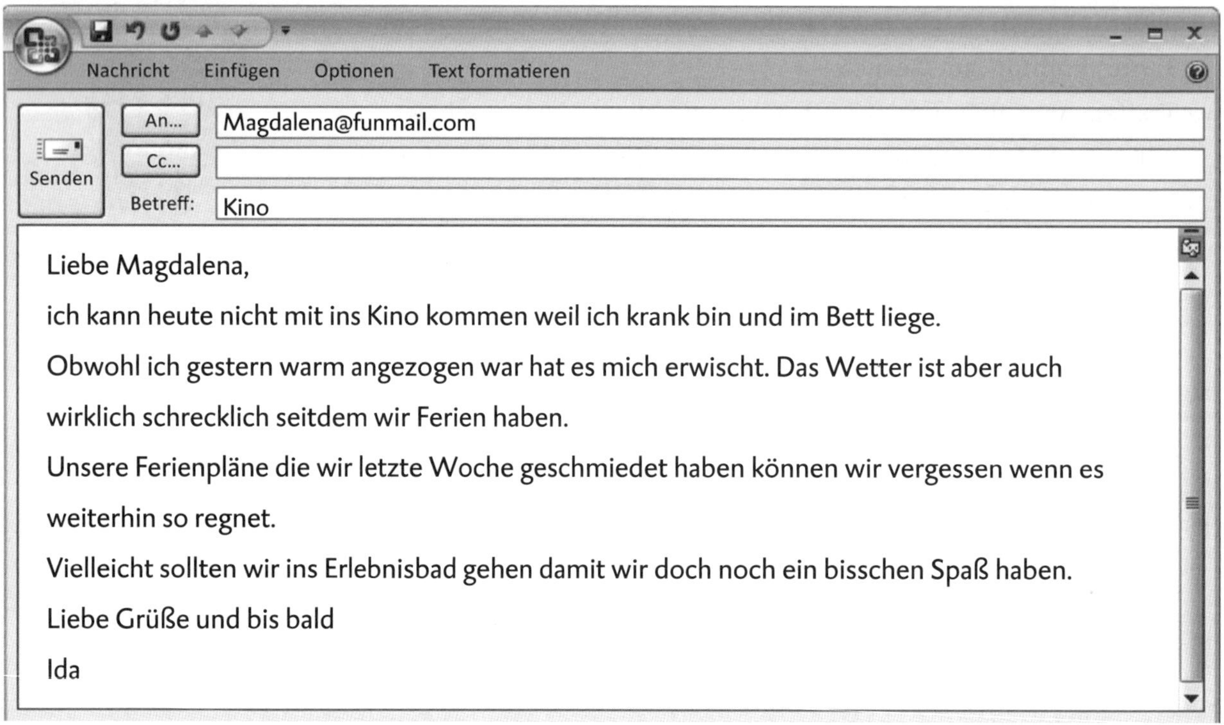

An: Magdalena@funmail.com

Betreff: Kino

Liebe Magdalena,

ich kann heute nicht mit ins Kino kommen weil ich krank bin und im Bett liege.

Obwohl ich gestern warm angezogen war hat es mich erwischt. Das Wetter ist aber auch wirklich schrecklich seitdem wir Ferien haben.

Unsere Ferienpläne die wir letzte Woche geschmiedet haben können wir vergessen wenn es weiterhin so regnet.

Vielleicht sollten wir ins Erlebnisbad gehen damit wir doch noch ein bisschen Spaß haben.

Liebe Grüße und bis bald

Ida

6 Setze die fehlenden Kommas und Punkte ein. ___ von 4

Ferdinand kaufte sich im Kino eine Portion Popcorn weil er noch etwas Geld übrig hatte Nachdem er diese verzehrt hatte bekam er Lust auf eine leckere Cola Obwohl er sich nicht gerne Geld lieh bat er seinen Freund Theo um zwei Euro Während im Kinosaal die Werbung lief ging Ferdinand schnell zum Verkaufsstand und holte sich seine Cola

Klassenarbeit 1

- Inhalt: Erlebniserzählung
- Zeitbedarf: 90 Minuten

Erzähle zu folgender Überschrift von einem aufregenden Erlebnis im Zoo.
Verwende ein eigenes Blatt.

Klassenausflug in den Zoo

Tipp *Das Bild ist nur eine Anregung. Du kannst auch etwas anderes vom Ausflug in den Zoo erzählen.*

1 Beantworte für die Einleitung die folgenden W-Fragen:

- Was ist passiert?

- Wo ist es geschehen?

- Wer war beteiligt?

- Wann ist es passiert?

2 Überlege dir für den Hauptteil den Höhepunkt deiner Erzählung. Finde dazu Antworten auf diese Fragen: *Wie ist es passiert? Warum ist es passiert?* Schreibe einige Stichwörter auf.

3 Überlege jetzt noch, wie die Erzählung ausgehen soll. Beantworte also die Fragen: *Was geschah anschließend? Welche Folgen hat das Erlebnis für die Beteiligten*? Notiere dir Stichwörter.

Klassenarbeit 2

- Inhalt: Eine Bildergeschichte nacherzählen
- Zeitbedarf: 90 Minuten

Schreibe zu den Bildern eine lustige Geschichte. Verwende ein eigenes Blatt. Notiere dir zuerst Stichpunkte.

Tipp *Betrachte die Bilder genau. Markiere wichtige Einzelheiten in den Bildern.*

Aus: e.o. plauen „Vater und Sohn“, in Gesamtausgabe Erich Ohser, © Südverlag GmbH, Konstanz 2000

1 Beantworte in der Einleitung die W-Fragen. Notiere dir Stichworte auf einem eigenen Blatt.

2 Erzähle im Hauptteil das Geschehen Bild für Bild. Überlege, welches Bild den Höhepunkt der Geschichte zeigt. Beschreibe das Geschehen dieses Bildes ausführlicher und besonders lustig. Notiere dir Stichworte zu den einzelnen Bildern.

3 Erzähle zum Schluss, wie die Geschichte ausgeht und welche Folgen das Geschehen für die Beteiligten hat. Notiere dir auch hierzu Stichworte.

Klassenarbeit 3

- Inhalt: Einen Erzählkern ausgestalten
- Zeitbedarf: 90 Minuten

Gestalte den folgenden Erzählkern (Zeitungsmeldung) zu einer Erzählung aus. Schreibe deine Geschichte aus der Sicht eines Beteiligten (Lkw-Fahrer, Polizist, Dieb). Verwende ein eigenes Blatt.

Tipp *Beachte, dass es sich um eine wahre Zeitungsmeldung handelt. Schreibe also eine Geschichte, die sich auch wirklich so zugetragen haben könnte.*

Niederaula/Bad Hersfeld
09.04.2013

SÜẞE BEUTE

Im hessischen Niederaula haben Diebe rund 5 000 Kilogramm Nuss-Nougat-Creme vom Anhänger eines Lastwagens gestohlen. Der Lkw-Fahrer entdeckte den Diebstahl am frühen Montagmorgen. Die Polizei teilte mit, dass die Täter das Schloss des abgestellten Anhängers aufgebrochen und Tausende Gläser der Schokoladencreme entwendet hatten. Die Beute hat einen Wert von rund 15 000 Euro.

1 Schreibe als Erstes die Fakten, die der Erzählkern enthält, heraus.

____

____

2 Entscheide dich für eine beteiligte Person und lege die Perspektive fest, aus der du die Geschichte erzählen willst.

Beteiligte Person: ______________________________

Ich- oder Er-Form: ______________________________

3 Notiere dir auf einem eigenen Blatt Stichpunkte für deine Gliederung.

Einleitung	Hauptteil	Schluss
• Was ist passiert? • Wo ist es geschehen? • Wer war beteiligt? • Wann ist es passiert?	• Wie ist es passiert? • Warum ist es passiert?	• Was geschah anschließend? • Welche Folgen hat das Erlebnis für die Beteiligten?
Beachte die Fakten, die du in Aufgabe 1 notiert hast.	*Überlege, wie du den Höhepunkt deiner Geschichte ausgestalten willst.*	*Erzählkerne enthalten meist keinen Schluss, denke dir einen aus.*

Klassenarbeit 4

■ Inhalt: Vorgangsbeschreibung

■ Zeitbedarf: 75 Minuten

Verfasse anhand der Bilder eine Vorgangsbeschreibung für die Zubereitung von Pfannkuchen.

Strukturiere deine Vorgangsbeschreibung wie folgt:

1 Schreibe in der Einleitung, um welchen Vorgang es sich handelt, und nenne das, was hergestellt wird. Notiere Stichpunkte.

2 **a** Zähle im Hauptteil zunächst alle benötigten Zutaten und Arbeitsgeräte auf. Fülle dazu die Tabelle aus.

Zutaten	Arbeitsgeräte

b Erkläre dann in der richtigen Reihenfolge, was zu tun ist. Notiere dir Stichpunkte.

3 Im Schlussteil kannst du auf die Verwendung eingehen: Wie wird das Gericht serviert? Mit welchen Beilagen wird es angerichtet? Schreibe Stichpunkte auf.

Klassenarbeit 5

- Inhalt: Ein Anliegen darstellen
- Zeitbedarf: 75 Minuten

Mittagspause

Deine Schule ist eine Ganztagsschule. Das bedeutet, dass an jedem Nachmittag Unterricht ist. Die meisten Schüler bleiben deshalb über Mittag an der Schule und essen dort in der Mensa zu Mittag. Die Mittagspause dauert lediglich 30 Minuten. Anschließend sind alle Schüler in einer frei gewählten Arbeitsgemeinschaft, bevor dann der Nachmittagsunterricht beginnt. Es bleibt also nur sehr wenig freie Zeit.
Dein Anliegen ist es, deine Schulleiterin davon zu überzeugen, dass die Mittagspause 60 Minuten dauern sollte.

Schreibe einen Brief an deine Schulleiterin, in dem du deinen Wunsch äußerst und begründest, warum du es wichtig findest, dass die Mittagspause auf 60 Minuten verlängert wird. Denke auch an die Anrede und die Verabschiedung.
Verwende ein eigenes Blatt.

Strukturiere deinen Brief so:

1 Beantworte in der Einleitung folgende Fragen:

- Wer bist du? ______________________
- In welche Klasse gehst du? ______________________
- Welches Anliegen hast du? ______________________

2 Argumentiere im Hauptteil, warum es dir wichtig ist, dass die Mittagspause künftig 60 Minuten dauert. Schreibe hierzu Stichworte auf.

____

____

____

3 Im Schlussteil bittest du deine Schulleiterin um eine baldige Antwort oder um einen Gesprächstermin. Verabschiede dich höflich. Notiere dir Stichworte.

____

____

Klassenarbeit 6

- Inhalt: Nominalisierung
- Zeitbedarf: 45 Minuten

Eine Nominalisierung liegt vor, wenn ein Wort, das laut Wörterbuch kein Nomen ist, sondern z. B. ein Adjektiv, in einem Satz **wie ein Nomen verwendet** und deshalb **großgeschrieben** wird. Oft erkennst du eine Nominalisierung an den **typischen Nomenbegleitern**.

1 In welchen Sätzen wird das Verb als Verb verwendet und in welchen Sätzen wird es als Nomen verwendet? Fülle die Lücken korrekt aus. ___ von 5

a In der Pause ____________________ wir oft Basketball. *(SPIELEN)*

Beim ____________________ gibt es manchmal aber auch Streit. *(SPIELEN)*

b Große Sterne ____________________ heller als kleine. *(LEUCHTEN)*

Man konnte das ____________________ in Annas Augen sehen. *(LEUCHTEN)*

c Der kleine Mops Max hat sich verlaufen. Die Besitzerin hat sein ____________________ noch gar nicht bemerkt. *(VERSCHWINDEN)*

Immer wieder ____________________ Socken unauffindbar in der Waschmaschine. *(VERSCHWINDEN)*

d Häufiges ____________________ steigert die Abwehrkräfte. *(LACHEN)*

In der Schule gibt es immer viel zu ____________________. *(LACHEN)*

e Im Moment sind viele Mitschüler erkältet und ____________________ sehr oft. *(NIESEN)*

Das laute ____________________ meiner Mitschüler ist manchmal ganz schön lästig. *(NIESEN)*

2 Nenne die typischen Begleiter, an denen man eine Nominalisierung erkennt und gib jeweils ein Beispiel. ___ von 5

Nominalisierungen erkennt man an:

3 Formuliere folgende Sätze um, indem du jeweils ein Verb nominalisierst. ___ von 5

Beispiel:

Im Deutschunterricht ist es üblich, Aufsätze zu schreiben.

Das Schreiben von Aufsätzen ist im Deutschunterricht üblich.

a Es gefällt mir, dass man in Mathematik viel rechnet.

____

____

b Wenn sich nach der Pause die Schultüren wieder öffnen, verursacht das immer großes Gedränge.

____

____

c Ich finde es schön, dass wir im Musikunterricht viele unterschiedliche Instrumente ausprobieren.

____

____

d Es dauert manchmal sehr lange, die Hausaufgaben zu überprüfen.

____

____

e Am meisten Spaß macht mir der Sportunterricht, wenn wir laufen.

____

____

4 Kreuze jeweils an, ob das in Großbuchstaben geschriebene Adjektiv im Satz klein oder groß geschrieben werden muss. ___ von 3

	klein	**groß**
a Unser Pausenhof ist wirklich SCHÖN.	☐	☐
b Das kräftige GRÜN unserer Schultür gefällt mir sehr gut.	☐	☐
c In unserem Schulgarten wachsen HERRLICHE Tulpen.	☐	☐
d In der Pause überlegen wir uns LUSTIGE Spiele.	☐	☐
e In der Schule passiert viel VERRÜCKTES.	☐	☐
f Das SCHÖNE an der Schule sind die Pausen.	☐	☐

5 Die Schlagzeilen aus der Schülerzeitung sind durcheinandergeraten. Dabei ist die Kleinschreibung verloren gegangen. Bilde richtige Schlagzeilen. Beachte die korrekte Groß- und Kleinschreibung. ___ von 6

Tipp *Jede Schlagzeile enthält eine Nominalisierung.*

a VOM – AUSFLUG – IN – ZOO – ZU – VIEL – BERICHTEN – SCHÖNES – DEN

b **ABSCHREIBEN – ERWISCHT – SCHÜLER – BEIM – MEHRERE**

c WERFEN – VON – DAS – IST – SCHNEEBÄLLEN – VERBOTEN

d **RASANTES – FAHRRADDIEBSTÄHLEN – AUF – SCHULPARKPLÄTZEN – VON – ANSTEIGEN**

a ______________________________

b ______________________________

c ______________________________

d ______________________________

6 Im folgenden Text findest du je fünf nominalisierte Verben und Adjektive. Unterstreiche sie zusammen mit ihren Begleitern und trage sie in die richtige Spalte der Tabelle ein. ___ von 7

Das Schöne an einem Ferientag ist das Ausschlafen. Ich kann so lange im Bett liegen bleiben, wie ich möchte. Nach dem Aufwachen lese ich oft noch ein wenig und gehe dann frühstücken. Am liebsten esse ich Schokomüsli mit Joghurt. Beim Frühstücken lasse ich mir richtig viel Zeit. Wenn das Wetter schön ist, gehe ich anschließend raus zum Spielen. Wenn es regnet – und das ist nichts Außergewöhnliches – bleibe ich im Haus und male oder bastle etwas. Nach dem Mittagessen besuche ich oft meine Oma. Sie weiß immer viel Neues zu berichten. Außerdem bekomme ich bei ihr selbstgebackenen Kuchen oder Muffins, auf jeden Fall etwas Süßes. Das darf meine Mutter allerdings nicht wissen, denn sie mag es nicht, wenn ich so viel nasche. Sie glaubt, dass das Naschen meinen Zähnen schadet. Abends, wenn mein Vater nach Hause kommt, bauen wir zusammen an meiner großen Eisenbahn und ich darf länger aufbleiben als sonst. Manchmal schauen wir auch etwas Spannendes im Fernsehen an.

Nominalisiertes Verb	Nominalisiertes Adjektiv

7 Nominalisiere die Verben und Adjektive. Ergänze jeweils einen Begleiter aus dem Kasten und bilde dann einen Satz.

___ von 6

häufiges • alles • das • dein

Beispiel:

hüpfen: Beim Hüpfen muss man vorsichtig sein.

a trinken:

____

____

b wichtig:

____

____

c kochen:

____

____

d lachen:

____

____

Klassenarbeit 7

- Inhalt: Satzglieder
- Zeitbedarf: 45 Minuten

1 Fülle den Lückentext mithilfe der Wörter aus dem Kasten. ___ von 2,5

Umstellprobe • zusammen verschieben • einem Wort • Satzglieder • mehreren Wörtern

Teile eines Satzes, die man nur ______________________ kann, bezeichnet man als ______________. Sie können aus ______________________ oder aus ______________ ______________ bestehen.

Man kann die einzelnen Satzglieder mithilfe der ______________________ bestimmen.

2 Finde mithilfe der Umstellprobe die einzelnen Satzglieder heraus. ___ von 4,5

a Kennzeichne die einzelnen Satzglieder, indem du hinter jedes Satzglied einen Schrägstrich setzt.

| Eva | begleitet | die | Kinder | zur | Schule | . |

b Stelle den vorgegebenen Satz um und bilde daraus drei weitere Sätze.

____

____

____

3 Mithilfe von Fragewörtern kann man die Satzglieder bestimmen. Welches Fragewort passt jeweils zu welchem Satzglied? Verbinde. ___ von 4

Tipp *Verwende verschiedene Farben für die Verbindungslinien, damit es übersichtlich bleibt.*

Wer oder was? | Was tut er/sie/es? | Wen oder was? | Wem?

Adverbiale Bestimmung der Zeit | Adverbiale Bestimmung des Ortes | Dativobjekt | Subjekt | Prädikat | Adverbiale Bestimmung des Grundes | Adverbiale Bestimmung der Art u. Weise | Akkusativobjekt

Wann? Wie lange? | Wo? Wohin? Woher? | Warum? | Wie? Auf welche Art u. Weise?

4 Frage nach dem jeweils gesuchten Satzglied. Bilde dabei einen ganzen Satz. Schreibe anschließend das gesuchte Satzglied als Antwort heraus. ___ von 6

Beispiel:

Max hat Moritz ein Buch geliehen.

Frage nach dem Subjekt: Wer oder was hat Moritz ein Buch geliehen?

Antwort: Max

a Die Kinder spielen zusammen im Garten.

Frage nach dem Prädikat: ______________________________

Antwort: ______________________________

b Der Hund hat die Katze gejagt.

Frage nach dem Akkusativobjekt: ______________________________

Antwort: ______________________________

c Der Arzt gibt dem Patienten eine Spritze.

Frage nach dem Dativobjekt: ______________________________

Antwort: ______________________________

d Tobias liest ein Buch.

Frage nach dem Subjekt: ______________________________

Antwort: ______________________________

e Julia leiht ihrer Freundin eine CD aus.

Frage nach dem Dativobjekt: ______________________________

Antwort: ______________________________

f Laura und Lucie kaufen gemeinsam ein.

Frage nach dem Prädikat: ______________________________

Antwort: ______________________________

5 Subjekt oder Akkusativobjekt? Kreuze an. ___ von 2

	Subjekt	Akkusativobjekt
a **Blumen** müssen regelmäßig gegossen werden.	☐	☐
b Franziska gießt **die Blumen** jeden Tag.	☐	☐
c Die Blumen benötigen **viel Wasser**.	☐	☐
d **Die Gießkanne** steht auf der Fensterbank.	☐	☐

6 Bestimme bei den folgenden Sätzen die adverbialen Bestimmungen. Unterstreiche sie und kreuze dann richtig an. ___ von 5

Tipp *In Klammern hinter den Sätzen steht jeweils die Anzahl der adverbialen Bestimmungen.*

	Adverbiale Bestimmung … des Grundes	des Ortes	der Art und Weise	der Zeit
a Nach dem Aufwachen war Tim hungrig. (1)	☐	☐	☐	☐
b In der Küche bereitete er sich schnell ein Müsli zu. (2)	☐	☐	☐	☐
c Anschließend ging er zur Schule. (2)	☐	☐	☐	☐
d Dort erfuhr er, dass die erste Stunde aufgrund von Renovierungsarbeiten ausfiel. (2)	☐	☐	☐	☐
e Tim begann seine Englischvokabeln zu lernen, da heute ein Vokabeltest angekündigt war. (1)	☐	☐	☐	☐
f Dann tauchte sein Freund Tobias auf und die beiden spielten lieber mit ihren Fußballkarten. (2)	☐	☐	☐	☐

7 Finde zu den Satzbauplänen die passenden Sätze und ordne richtig zu. Schreibe den jeweils richtigen Satz auf die Linie unter dem Satzbauplan. ___ von 5

- Julian baute eine Sandburg.
- Sein Vater half ihm.
- Nach kurzer Zeit zerfiel die Burg.
- Wegen des nassen Untergrunds sackte der Sand zusammen.
- Der Vater tröstete Julian mit einer großen Portion Eiscreme.

a [Adverbiale Bestimmung der Zeit] [Prädikat] [Subjekt]

____

b [Subjekt] [Prädikat] [Akkusativobjekt] [Adverbiale Bestimmung der Art und Weise]

____

c [Subjekt] [Prädikat] [Akkusativobjekt]

____

d [Adverbiale Bestimmung des Grundes] [Prädikat (Teil 1)] [Subjekt] [Prädikat (Teil 2)]

____

e [Subjekt] [Prädikat] [Dativobjekt]

____